NOTICE

SUR

DESCROIZILLES

(FRANÇOIS-ANTOINE-HENRI)

Chimiste, né à Dieppe

ET SUR

LES MEMBRES DE SA FAMILLE

PAR

J.-A. DE LÉRUE

de la Société d'Émulation

et de l'Académie des Sciences, Arts et Belles-Lettres

de Rouen

ROUEN

IMPRIMERIE CH.-F. LAPIERRE

1, RUE SAINT-ÉTIENNE-DES-TONNELIERS, 1

1875

NOTICE

SUR

DESCROIZILLES

(FRANÇOIS-ANTOINE-HENRI)

Chimiste, né à Dieppe

ET SUR

LES MEMBRES DE SA FAMILLE

PAR

J.-A. DE LÉRUE

de la Société d'Emulation
et de l'Académie des Sciences, Arts et Belles-Lettres
de Rouen

ROUEN

IMPRIMERIE CH.-F. LAPIERRE

1, RUE SAINT-ÉTIENNE-DES-TONNELIERS, 1

1875

NOTICE

SUR

DESCROIZILLES

(FRANÇOIS-ANTOINE-HENRI)

ET SUR LES MEMBRES DE SA FAMILLE

I

INTRODUCTION

Pour honorer la mémoire du normand Descroizilles, son nom a été donné, en 1860, à une ancienne rue de Rouen; et, dernièrement, le Conseil général de la Seine-Inférieure a alloué à la fille octogénaire de ce célèbre chimiste une généreuse gratification (1).

Si, jusqu'à présent, les mentions accidentelles que les publications académiques et certains ouvrages spéciaux ont faites des travaux de Descroizilles n'ont pas permis d'oublier sa notabilité et ont servi, au contraire, à rappeler quoique vaguement son souvenir à ses contemporains; si même la spécialité de plusieurs de ses découvertes l'a fait plus précisément apprécier dans la classe indus-

(1) Allocation de 1.000 fr., plus 500 fr. de rente viagère.

trielle et commerçante, on pouvait cependant désirer quelques renseignements plus catégoriques encore sur cette remarquable individualité. C'est en ce sens que M. J. Girardin, ayant eu à rappeler dans ses *Leçons de Chimie élémentaire* que Descroizilles, le premier, trouva et fit voir que l'alun était un sel double, prit occasion de cette circonstance pour lui consacrer quelques lignes, en s'étonnant, à bon droit, qu'on n'eût pas jusqu'alors donné une notice complète des travaux variés et utiles de cet ingénieux inventeur; injuste oubli que, du reste, le savant professeur manifesta l'intention de réparer personnellement un jour.

Le projet était en trop bonnes mains pour qu'on n'en attendît pas avec patience la réalisation. Mais il survint sans doute des empêchements qui ne permirent pas d'y donner suite. J'en peux même indiquer un dans la difficulté de rassembler des manuscrits que le temps avait éparpillés, et de colliger certains papiers de famille que l'héritière du chimiste, Mlle Caroline Descroizilles, possédait et qu'elle eût voulu ne communiquer qu'à une personne anciennement investie de sa confiance. J'avais, pour ma part, quelques motifs d'espérer une solution plus prompte, en me concertant avec un ancien ami, M. P.-J. Féret (1), de Dieppe,

(1) Né à Dieppe en janvier 1794, mort à Dieppe le 23 mars 1873. Ancien maire de Dieppe; en dernier lieu conservateur des archives de sa ville dont il avait écrit l'histoire. Archéologue érudit, poète, écrivain humoristique, dont la personne et le talent étaient justement populaires.

Nous avons présenté à l'Académie une courte notice sur cet homme estimable.

cousin de Descroizilles, et qui tenait beaucoup à ce que justice fût rendue à son illustre parent. Je lui avais offert à cet effet le concours actif de mes recherches et, au besoin, celui plus modeste de ma plume, lorsque mon vieil ami vint à mourir, non sans m'avoir envoyé un ensemble de notes que j'ai en ce moment sous les yeux, et qui ne peuvent qu'avoir été prises aux meilleures sources.

Ce sont ces notes que je me propose, avec d'autres produits de mes investigations, d'employer dans mon travail succinct sur Descroizilles. L'excellent M. Féret, avec sa conscience parfaite et l'attrait bien connu de son talent, s'en fût acquitté beaucoup mieux que moi; l'intérêt personnel de parenté qu'il eût pris à raconter cette vie utile, aurait sans doute donné à sa narration une couleur plus tranchée, un accent plus pénétrant. Quoi qu'il en soit, heureux de me servir de ses aperçus, j'ai tâché de conserver autant que possible la physionomie qui les distingue. C'est un dernier hommage que j'aime à rendre ainsi à une ancienne et honorable amitié.

II

François-Antoine-Henri Descroizilles naquit à Dieppe le 11 juin 1751.

Son père, François Descroizilles, était maître apothicaire à Dieppe, juge consul des marchands de cette ville, membre correspondant de l'Académie des Sciences, Arts et Belles-Lettres de Rouen.

On retrouve, en effet, son nom avec ce titre, dans une *Liste* de 1745, publiée au *Précis historique de l'Académie,* par le docteur Gosseaume, tome Ier, page 19.

Le même *Précis,* tome II, page 116, et les volumes suivants rappellent et mentionnent avec analyse plusieurs communications intéressantes du savant praticien dieppois.

Ce sont : d'abord, en 1744, un *Essai pour corriger et adoucir les vins qui ont de la verdeur.* Le procédé de l'auteur consiste à introduire dans chaque barrique du vin que l'on se propose d'améliorer une livre de râpure de corne de cerf. On laisse le mélange durant six semaines, après lesquelles le vin se trouve infiniment plus potable.

En 1752, un mémoire lu en séance publique, contenant la description d'une tortue monstrueuse, dépourvue de test, pêchée dans la rade de Dieppe : le *luth,* individu d'une espèce jusqu'alors inconnue sur nos côtes, et que Linné a nommée *tortue coriace.*

En 1758, un mémoire sur un nouveau sel polychreste, ou sel neutre, ayant la triple propriété d'être purgatif, fondant et calmant (rapporteur, le Dr Le Cat). Ce traité, imprimé depuis à Amiens, fut dédié au comte de Mailly, gouverneur de Dieppe et d'Arques.

On conçoit que, dans un milieu scientifique comme celui où s'élevaient les trois enfants du pharmacien distingué, ils durent contracter, de bonne heure, le goût des travaux utiles.

François-Antoine-Henri commença par suivre

la carrière paternelle. On le voit, au début, dans une pharmacie de Rouen qu'il était venu gérer aussitôt après avoir complété ses études professionnelles dans le laboratoire du célèbre Rouelle, dont il fut l'élève. L'expérience qu'on lui reconnaissait déjà, son talent d'exposition et ses connaissances pratiques, de longue main acquises dans l'officine dieppoise, firent que bientôt l'administration centrale l'appela, tout jeune encore, aux fonctions de demonstrateur royal de chimie à Rouen.

Il s'occupait avec continuité de l'étude expérimentale des *Mordants* pour la teinture, et il fit à ce sujet un voyage en Angleterre, entrant ainsi dans la voie scientifique qu'il s'était proposée et dont le choix faisait honneur à son intelligence des besoins publics du temps : l'application de la chimie à l'industrie, et particulièrement à l'industrie rouennaise. Nous le verrons cependant plus d'une fois, au hasard de l'inspiration et des circonstances, quitter cette voie et aborder tantôt la physique, tantôt la mécanique ou l'économie financière.

C'est ainsi qu'à l'époque dont nous parlons il inventa les *Phares à éclipse* qui annoncent pour ainsi dire le nom de chaque écueil aux navigateurs. Voici, d'après ce qu'il racontait lui-même à son camarade P.-J. Féret, comment lui vint l'idée de ces phares.

M. Lemoine, maire de Dieppe, sollicitait sans cesse l'exécution de grands projets d'amélioration pour le port de Dieppe; il était constamment chez les ministres. Descroizilles, son parent, revenait un jour avec lui de Versailles. Le vent agitait les arbres de l'avenue et de temps en temps les réverbères se trouvaient cachés par le mouvement des arbres.....

« Il me vient une idée, — dit Descroizilles à son compagnon, en lui faisant remarquer ces alternatives d'ombre et de lumière ; — on pourrait construire des phares qui s'éclipseraient ainsi. Le nombre des révolutions dans un temps donné indiquerait aux navires le point où ils seraient. »

M. Lemoine n'était pas homme à laisser tomber cette idée. Il fut décidé qu'on irait à Dieppe sans retard et qu'on ferait élever sur la grande jetée un phare de la nouvelle invention. Un horloger, nommé Mulotin, fut chargé d'établir le mécanisme ; le tout alla très-bien. Ce fut le premier phare à éclipse, et M. Lemoine fut chargé par le Gouvernement d'aller construire un phare semblable à l'embouchure de la Gironde.

Le grand appareil Fresnel donne aujourd'hui, comme on sait, une très-longue portée à ce genre de fanal.

Cependant, la Révolution française agitait les esprits ; on préludait aux luttes terribles qui en ont marqué le cours. Descroizilles, ainsi que la plupart des savants ses confrères, avait adopté les premières idées des grandes réformes. Mais, à ce qu'il paraît, notre sage normand ne fut pas longtemps sans s'apercevoir du danger des partis extrêmes. Très-lié avec Roland de la Platière, il fut accusé de royalisme ou plutôt de fédéralisme, et incarcéré vers la fin de 1793 dans la maison de Saint-Yon, qui était alors la prison politique de Rouen et du département.

Ce fut dans cet emprisonnement qu'il trouva le moyen d'épurer, en grand et avec promptitude, le salpêtre des caves et des vieux édifices. Aucun bas sentiment de susceptibilité et de rancune n'habitait l'âme vraiment patriote du prisonnier. Son mémoire, écrit avec chaleur, fut porté à Paris par son successeur en pharmacie, M. Arvers, et confié à un personnage influent qui le communiqua aussitôt au Comité de Salut public. M. Féret pensait que ce personnage fut le chimiste Chaptal, qui, en effet, était chargé de diriger la fabrication de la poudre de guerre à l'usine de Grenelle.

Dès lors, on le comprend — et c'était bien le moins qu'on lui dût — Descroizilles fut relaxé ; de plus, il fut nommé membre de l'administration des poudres et salpêtres et inspecteur de ce service pour plusieurs départements, fonctions évidemment bien placées qui lui procurèrent en outre l'avantage de le mettre en rapports quotidiens avec deux autres membres illustres de la même administration : Monge et Berthollet.

Ainsi, c'est de la prison de Rouen que sortit le moyen d'alimenter de poudre nos armées, qui ne pouvaient que difficilement s'en procurer. On sait, en effet, que les pays qui fournissaient le salpêtre au commerce nous étaient alors fermés.

Cinq ans avant ce concours heureux de l'esprit inventif et de la chimie dans la défense du pays, Descroizilles avait déjà fait une utile application de la science à une branche très-importante de l'industrie rouennaise. Avec l'aide de MM. de Fontenay, dont l'un était maire de Rouen, il avait fondé à Lescure-lès-Rouen, vers 1788, une manufacture où l'on blanchissait les toiles selon une découverte faite par le chimiste allemand Schœlle. Berthollet avait développé cette découverte, et l'usine de Lescure, qui la mettait en pratique sous une habile direction, prenait le nom de *blanchisserie bertholienne.*

Avant cet emploi du chlore, si heureusement fait dans l'établissement de Descroizilles, les toiles étaient blanchies sur le pré, lentement, attendant les saisons et le temps propice. C'était un obstacle considérable au développement de la production industrielle.

Revenant, vers 1801, à ses études sur le mordançage, il trouva le moyen de fabriquer et de livrer à bon marché un de ses principaux éléments : le sel d'étain. Ce fut encore là pour la rouennerie *(sic)* un grand progrès. Ce sel était fabriqué dans le laboratoire du pharmacien Arvers, qui eut peut-être quelque part à l'invention ou du moins aux procédés de fabrication.

Presque en même temps, Descroizilles inventait, — ce mot doit revenir ici souvent, — un instrument de la plus grande utilité : l'alcalimètre, qu'il fit suivre du polymètre à quatre échelles : alcalimètre, berthollimètre, acétimètre et pèse-liqueurs. Son vrai savoir dans la combinaison et l'utilisation des produits alcalins le fit appeler, comme arbitre, dans un procès célèbre pendant à Marseille.

A l'exposition improvisée des principaux produits de l'industrie rouennaise, que la ville offrit au Premier Consul, lors de son voyage à Rouen, le 12 frimaire an XI (1803), on remarqua les casiers occupés par l'acide chlorhidrique, le muriate d'étain et d'autres produits distingués de la fabrique de Lescure, où, dit *Guilbert,* le progrès n'avait cessé de s'affirmer.

Descroizilles, dont la réputation grandissait chaque jour, venait d'être nommé (1804) membre résidant de l'Académie des Sciences, Arts et Belles-Lettres de Rouen, qui comptait alors, comme aujourd'hui, plusieurs chimistes de grand renom et à laquelle, on l'a vu, son père avait appartenu. Il y a lieu de présumer qu'il dût cet honneur à l'envoi d'un ouvrage important qu'il avait composé à plusieurs années de là, et qui portait le titre suivant : « Analyse chimique de cinq différentes eaux de fontaines de Rouen, des eaux de puits de la même ville, de celles de la Seine et de celles de la source des fontaines de Dieppe, par M. Descroizilles fils, apothicaire. »

« Ce mémoire, dit M. Gosseaume, qui en donne une assez longue analyse, se trouve presque littéralement imprimé dans l'ouvrage de M. Lepec de la Clôture *sur les Maladies et Constitutions épidémiques,* à l'article : *Description de Rouen ;* il est accompagné, dans le *Précis académique,* de deux tableaux indiquant : l'un, la composition chimique de ces eaux ; l'autre, les noms et la position des fontaines de Rouen dans leur relation avec les cinq principales sources qui les alimentent.

Le même document (*le Précis historique* du

docteur Gosseaume) mentionne encore vers cette époque, de 1804 à 1805, plusieurs publications et communications par lesquelles Descroizilles ne manqua pas de payer sa dette à l'Académie. Elles rentrent toutes dans l'ordre de ses travaux chimiques. Nous y voyons notamment :

Un mémoire sur l'*aréométrie*. Il a pour objet la composition d'un nouvel instrument nommé par l'auteur aréométritype, au moyen duquel on parvient à donner à tous les degrés des pèse-liqueurs un rapport constant avec la pesanteur spécifique ;

Plusieurs notices développées sur les *alcalis* du commerce,

Et un essai sur l'*art du Salpêtrier*, qui n'est probablement que la reproduction, dans une forme appropriée aux circonstances, du mémoire primitif rédigé à Saint-Yon, et qui fut présenté — nous avions omis ce détail — à l'Institut le 16 pluviôse an IV.

En 1806, Descroizilles fut nommé membre du Conseil général des manufactures et appelé aux fonctions de secrétaire général de ce Conseil. Dès lors sa situation semblait avoir atteint une apogée à l'abri des revirements, et il alla se fixer à Paris.

Cependant, en 1815, notre compatriote fut frappé de destitution pour une cause sans doute toute politique ; mais cette confusion, toujours regrettable, des libertés de l'opinion et des mérites de la science, ne devait pas longtemps lui faire sentir ses rigueurs. En 1816, un jury, qui avait pour attribution de juger les tissus présumés d'origine étrangère, ayant été formé près du Ministère de l'Intérieur, puis des

Douanes, il en fut nommé secrétaire-archiviste. On peut dire que ce fut lui qui créa cette branche de l'administration, dont la protection importait tant à la ville de Rouen et au développement, alors menacé, de ses richesses manufacturières.

Dans les murs, hors des murs, pour emprunter à Corneille l'une de ses expressions, Descroizilles n'avait cessé de montrer, pour les intérêts rouennais, la plus vive sollicitude, et, soit par ses communications fréquentes avec ses confrères de l'Académie, soit dans ses rapports avec les plus notables représentants de l'industrie de la région, il fut toujours pour le commerce de Rouen, pour les progrès de sa fabrication un guide sûr, un conseil éclairé, souvent même un véritable initiateur.

Ce fut dans ces fonctions de secrétaire archiviste qu'il mourut, âgé de soixante-quatorze ans, le 14 avril 1825.

Le poëte fait ressortir les beautés de la nature; il peint l'homme, l'instruit, l'élève, le charme par l'harmonie du rhythme; le chimiste, circonscrivant son horizon aux objets qui frappent les sens, scrute les parties élémentaires des corps pour les faire servir aux besoins de l'humanité, à la vie, à la richesse des nations. Les Albert le Grand, les Roger Bacon, les Raymond Lulle se trouvent, chez les modernes, à l'entrée de cette science. Du petit au grand, du simple au composé, la phalange des chercheurs, à son insu souvent, recueille, dans maints tâtonnements, certaines combinaisons ou applications qui, à l'origine, semblent puériles et indignes des majestés de la haute science. Elles concourent cependant un jour à assurer le bien être public.

Il en fut ainsi de la construction des alambics qui avait à peine fait quelques progrès depuis le siècle de ses initiateurs jusqu'au XVIIIe — Nos pères ont vu fonctionner encore les appareils qui figurent dans le *Cœlum philosophorum*, de Philippe Ulstad, imprimé à Fribourg (Suisse) en 1525.

Descroizilles se livra à beaucoup d'expériences coûteuses, comme tous ses travaux, pour trouver le meilleur appareil de distillation. Il a sans doute sensiblement amélioré. Nous n'avons, sur cette série de ses recherches, aucun renseignement précis. Certains en ont probablement profité, mais on paraît — selon la remarque humoristique de l'ami Féret — avoir laissé son nom dans les résidus.

Un seul appareil lui est incontestablement resté. C'est un petit *alambic* à la main, chauffé à l'esprit de vin, qui sert à éprouver les spiritueux. L'instrument a beaucoup servi dans le commerce, surtout dans le midi de la France. C'est d'ailleurs un alambic d'agrément. Vous le chauffez sur la table, au dessert, et il distille sous vos yeux, en peu d'instants, les plus fines liqueurs.

Ce petit agrément de table nous rappelle que la *cafetière* dite *du Belloy* est l'œuvre de notre chimiste. Voici l'histoire : On prenait à Lescure d'excellent café. Fourcroy, Chaptal, venaient assez souvent en demander à leur collaborateur. Il est à croire que ces philosophes — pour employer le vieux mot — goûtaient beaucoup cette boisson, alors moins répandue qu'aujourd'hui. — « Apprends-nous donc, dirent-ils à Descroizilles, comment tu fais ce café-là? »

Le savant s'empressa de les satisfaire ; il leur montra une cafetière qu'il avait fait fabriquer par un petit ferblantier de Rouen, et il s'offrit à enrichir leur laboratoire d'un pareil philtre. Ce qui fut dit fut fait. Il n'y a pas de modeste ménage qui ne connaisse aujourd'hui ce philtre de métal (1), placé au bas d'un cylindre de fer blanc fermé d'un couvercle à l'autre bout. Ce cylindre s'adapte à une cafetière dans laquelle coule la liqueur obtenue à l'aide de l'eau bouillante, que l'on a versée sur le café moulu, tassé sur le philtre ; l'eau s'est emparée des arômes, de la partie savoureuse, et elle les rend sans perte ; l'opération ayant été parfaitement close.

Avant ce procédé on faisait le café par l'ébullition, ou dans une chausse. Passé par la poche de drap il s'appelait *Café à la Sultane*. Par l'un ou l'autre de ces moyens l'arôme se perdait en grande partie. Telles étaient les manières de produire la liqueur inspiratrice du temps de l'auteur de la *Henriade*, qui l'aimait « à gorge déployée ». S'il est incontestable que Voltaire a eu beaucoup d'esprit, on peut supposer qu'il en eût montré d'avantage encore avec l'usage de la cafetière perfectionnée de Descroizilles.

L'inventeur fit fabriquer plusieurs cafetières pour ses amis. En même temps le ferblantier qui faisait passer le recipient sous son marteau conçoit une

(1) On l'a fait depuis en porcelaine ; c'est une amélioration en ce sens que le café n'est plus exposé à contracter le goût du fer.

spéculation. Il en dispose une pacotille, qu'il porte à Paris. D'abord il en vend très-peu et il commençait à désespérer de la fortune, lorsqu'un abbé très-répandu, très-connu par son goût pour le café, ayant ouï parler du nouvel appareil, s'en procure un, le vante, le prône, enrichit le marchand, et le nom du propagateur, l'abbé du Belloy, resta à la cafetière. — L'Histoire est pleine de ces noms injustement donnés. L'Amérique en est un grand exemple. Ajoutons qu'il était bien juste que le dieppois Descroizilles trouvât le moyen de faire de bon café lorsque c'est par de Clieu, de famille de Dieppe, que la culture de la fève arabique a été répandue dans le Nouveau-Monde.

Pendant qu'il s'occupait du perfectionnement des alambics, sa pensée se portait aussi sur la *fabrication du cidre* en Normandie (1). Il était persuadé qu'on pouvait donner à cette industrie de grands développements, et produire une liqueur digne d'être placée sur toutes les tables à côté des bons vins. Le médecin Paulmier avait soutenu la même thèse dans le seizième siècle; mais il ne l'avait appuyée d'aucun procédé chimique, tandis que Descroizilles a fait sur ce sujet un intéressant traité (2).

Il croyait, de plus, avoir trouvé un bon moyen de dessication de la pomme à cidre. Voici ce qu'il écrivait, en 1823, à son frère Alexandre, à Dieppe :

(1) Voir l'appendice ; pièce 11.

(2) M. Féret disait que ce traité était devenu très-rare. Nous l'avons cherché en vain dans les manuels. Peut-être a-t-il été imprimé dans les *Annales de l'Industrie*.

« J'ai été très-occupé à Paris et à Clichy, où je vais dîner et coucher presque tous les jours. Là, j'emploie mes loisirs à des expériences de vinification. J'y vais recevoir *de Rouen* un moulin à pommes. J'y dispose aussi une sécherie à pommes, qui en séchera de très-grandes quantités, très-promptement, avec une grande économie de place, de chauffage et de main-d'œuvre. Leur dessication sera parfaite. Elles pourront se conserver sonores, et, sous un petit volume, pendant plusieurs années, se transporter, si on le veut, aux grandes Indes; former en tout temps et facilement une boisson très-agréable, très-salubre, et devenir, à l'avantage de la santé des marins, l'objet d'un grand commerce. »

Nous voyons, dans une lettre qu'il adressait en 1822 aussi à son frère Alexandre et à ses parents de Dieppe, qu'il imaginait une nouvelle manière de mariner diverses espèces de poissons :

« Je vous communiquerai incessamment, dit-il, mes vues sur un nouveau mode de conservation des harengs, merlans, maquereaux, etc. Il consistera à les faire cuire à sec, dans une espèce de four de campagne, puis à les introduire tout chauds dans de petits barils et à les y laisser pendant quelques heures avec du vinaigre, aromatisé et salé. J'ai lieu de croire que les poissons, ainsi marinés, auront plus de consistance et pourront se garder d'une saison à l'autre, souffrant le transport dans les pays chauds et conservant un goût très-délicat. »

Depuis la science a trouvé, dans le *vide*, des moyens de conserver les substances alimentaires préférables sans doute au procédé indiqué ici. Mais certes Descroizilles approchait de l'idée. Nous ne pouvons, à défaut de connaissances comparatives suffisantes, juger de l'excellence de son moyen. Mais nous le rappelons à tout hasard en songeant que rien n'est perdu dans le monde de l'esprit comme dans celui de la matière. Peut-être — qui sait? — les personnes vouées aux recherches relatives à l'industrie alimentaire y reconnaîtront-elles, pour l'art de la conservation, une variété qui aurait son prix.....

Dans cette même lettre sur les marinages, Descroizilles revenait à ses études sur les boissons :

« Je suis certain, ajoutait-il, qu'on fera d'excellente eau-de-vie et d'excellent vinaigre, et très-économiquement aussi, avec les pommes. Je viens, en effet, de terminer une expérience fort intéressante par son succès. »

Il terminait ainsi sa curieuse missive :

« La fabrication des tonnes peut éprouver une révolution utile dans l'art nouveau de les façonner, principalement dans la forme de leurs fonds, sur le *tour*. Mais, indépendamment de cela, j'ai des vues particulières de perfectionnement sur ces vases de conservation, qui peuvent devenir bien plus convenables à leur destination, et plus durables, sans augmentation notable de prix. »

Nous connaissons ainsi combien, à côté des applications, des inventions acquises à diverses parties de la richesse publique, la large et active intelligence du chimiste Descroizilles cherchait sans cesse de nouvelles fortunes. C'était, en un mot, un de ces esprits toujours en éveil, auxquels les recherches les plus ardues, les expériences les plus compliquées et les plus assujettissantes ne coûtent pas, dès qu'il s'agit de mener à bien ce qu'ils regardent comme une mission providentielle confiée à leurs facultés personnelles, en vue de l'intérêt général.

François-Antoine-Henri Descroizilles fut donc un de ces inventeurs dévoués à la science, un de ces chercheurs consciencieux et désintéressés que l'indépendance du caractère soutient, que la vérité et l'utilité stimulent et attirent sans cesse.

Dans des conditions plus favorables, l'homme en tant qu'individu, n'eût pas valu davantage, sans doute, — car, la valeur morale d'un être ne dépend pas des circonstances extérieures et ne se pèse pas dans la balance des honneurs et de la fortune. — mais en marquant plus profondément leur empreinte, ses nombreux travaux eussent eu des chances d'approcher de plus près de l'illustration.

Quoi qu'il en soit, nous avons montré qu'il reste assez de lui pour honorer son souvenir et ne pas le confondre avec le commun des ouvriers de l'Idée.

Ses frères, son fils, n'ont pas été, non plus, sans marquer leur place dans la compagnie respectée des hommes utiles. Ainsi que lui, chacun d'eux eut l'honneur assez rare d'être quelqu'un.

III

Jean-Hyacinthe-Alexandre Descroizilles naquit à Dieppe le 24 mars 1761. Il aborda aussi l'étude de la chimie, administra pendant quelque temps la vieille apothicairerie de Dieppe ; mais il ne sentit pas la vocation qu'il croyait nécessaire et se retira.

C'était un botaniste distingué, très-familier avec la flore de nos contrées maritimes. Il se livra exclusivement à la culture des plantes ; à cet effet, il avait pris à bail un grand jardin dans le faubourg de la Barre, puis un champ assez étendu à peu de distance du jardin. Il commença par se livrer à la culture soignée et à la dessication parfaite de la camomille officinale ; puis il entreprit de cultiver en grand et savamment la pomme de terre. Il a été, après Parmentier qui avait commencé aussi par être pharmacien, le plus grand propagateur de cette nourriture de toutes les classes et particulièrement des pauvres. Il trouva des variétés par les semis. En remontant aux origines, on en rencontrerait probablement plusieurs qui, provenant de ses cultures, ont été rebaptisées en Hollande, dans l'Amiennois et dans l'Ile de France, d'où elles nous reviennent avec des dénominations qui font penser aux modifications étymologiques d'Alfàna et d'Equus « lesquelles avaient beaucoup changé en route. »

Une de ces variétés reçut pourtant et garda son nom, et il riait beaucoup de ce qu'on avait qualifié cette pomme de terre de *détestable*. Nul n'est prophète en son pays. Mais Alexandre Descroizilles avait assez fait pour le développement et le perfectionnement de la culture générale : il pouvait sourire de cet enfant mal venu.

Les Mémoires de la Société Centrale d'Agriculture de France, dont il était membre correspondant, contiennent de nombreuses mentions de ses travaux dans ce sens. Non-seulement nous y voyons qu'il a propagé la culture rationnelle et les variétés du précieux tubercule, mais qu'il a indiqué aussi les meilleurs moyens d'en opérer la cuisson et les préparations culinaires.

Une lettre de son frère, François, nous apprend qu'il s'était occupé d'établir à Dieppe une industrie appropriée aux ressources naturelles de la localité : une fabrique de colle de poisson.

Enfin, nous trouvons dans le Précis de l'Académie de Rouen (1776), l'indication d'un Mémoire ayant pour titre : *Pedicules de l'Angelica-Sativa proposés pour remplacer le thé*, par M. Descroizilles. Quoique son prénom ne soit pas mentionné, tout porte à croire qu'il s'agit d'un travail présenté à la savante compagnie par le botaniste Jean-Hyacinthe-Alexandre.

Il est mort à Dieppe, après une très-laborieuse carrière, et dans de grands sentiments de piété, peu d'années après son frère aîné.

IV

Leur frère, Frédéric Descroizilles, était né à Dieppe, le 13 avril 1765.

Celui-ci fut négociant, devint planteur aux Colonies et Président de l'Assemblée Coloniale de l'Ile-de France.

Il contribua beaucoup, par ses grandes connaissances administratives et commerciales et par la notabilité que son caractère lui avait acquise, à préserver cette Colonie des contre-coups de la Révolution.

Il a écrit, entr'autres ouvrages, et adressé à la Société libre d'Emulation de Rouen, dont il était membre, un Mémoire très-intéressant qui fut imprimé à Rouen, à l'Imprimerie des Arts, en 1803, sous ce titre : *Essai sur l'Agriculture et le Commerce des Iles-de-France et de la Réunion,* suivi d'une Notice historique sur l'Ile-de-France pendant la Révolution.

L'Académie reçut en même temps, des mains de Descroizilles aîné, et accueillit avec faveur cet ouvrage. « Il présente — dit le Rapporteur — un tableau très-bien fait de l'état de la culture et des grands établissements de sucrerie, guildiveries, indigoteries, etc., formés dans ces deux îles. L'auteur rend compte des obstacles qui ont empêché l'Ile-de-France, en particulier, de parvenir au degré de prospérité agricole et commerciale dont elle est susceptible. Il propose un plan d'organisation pour ces Colonies et donne l'aperçu des produits variés que l'on en peut attendre. Comme les résultats qu'il annonce pourraient sembler exagérés à quelques personnes, M. Descroizilles répond aux objections qu'on tirerait de l'expérience insuffisante du passé, de la quantité de terrain infertile, de la sécheresse accrue par l'effet des nouveaux défrichements, des ouragans, etc. « Tout ce que les habitants de ces deux îles ont à demander au gouvernement, — dit-il en terminant, — c'est qu'il favorise leur agriculture, leur commerce, leur navigation et leur industrie. »

C'était, on le voit, beaucoup réclamer de la mère-patrie, qui allait avoir à faire face à une guerre continentale avec des forces navales amoindries par la mauvaise fortune ; les grandes et saines préoccupations de bien-être public, l'extension coloniale surtout n'ayant chance de succès qu'au milieu de la paix et en pleine sécurité nationale.

V

Enfin, Paul Descroizilles, fils du chimiste, naquit à Lescure-lès-Rouen, le 17 juin 1793, peu de temps avant l'emprisonnement de son père.

Il suivit d'abord la carrière paternelle. Mais ses goûts le portant plus particulièrement vers la physique industrielle, il chercha à employer le feu de la manière la plus prompte, la plus complète, la plus économique.

Son *appareil de lessivage* valut une économie de combustible et de temps considérable. Les fabricants de Rouen y applaudirent et se souviennent sans doute encore des avantages qu'il leur procura.

Il améliora de la manière la plus ingénieuse le procédé anglais par lequel on flambait les toiles de coton. Au lieu d'un appareil d'un prix presque inabordable pour les usines de moyenne importance, il en produisit un qui coûtait à peine 600 fr.—L'industrie rouennaise n'a pas, non plus, oublié ce bienfait.

« Nous l'avons ouï causer quelques jours avant sa mort — c'est M. Féret qui parle — de chariots de son invention qui devaient passer sur des foyers gradués où leur charge se trouverait cuite parfaiment. Il nous entretenait aussi d'un moyen qu'il avait trouvé, après maint essai, de produire, à bon marché, le rouge d'Andrinople. Il y avait encore, dans sa pensée, toute une série de conceptions ingénieuses sur le chauffage économique des appareils à vapeur. Ces belles choses, que son esprit voyait clairement, sont descendues avec lui dans la tombe. »

Il a été fort heureux dans l'art, si important sous notre climat humide, de bien chauffer les cheminées. Les appareils Descroizilles sont connus. Plus d'une enseigne de Paris se recommande toujours en les annonçant en lettres fort apparentes.

Il mourut à Dieppe au mois de mars 1863. Pendant le séjour qu'il fit dans cette ville, berceau de sa famille et qui se termina par sa mort, il s'occupait encore de fabriquer, dans un établissement céramique à la porte de Dieppe, des *mîtres* qui, d'après son calcul, devaient empêcher l'effet des rafales dans les cheminées. Cette idée est restée incomplète. Singulier rapprochement : les mîtres étaient pétries de la terre du champ que son oncle, Alexandre Descroizilles, avait si longtemps arrosée de ses sueurs !

Il se proposait d'écrire un Traité sur la construction des cheminées.

Il avait recueilli, peu avant sa fin, qu'il ne croyait pas si prochaine, un assez grand nombre de papiers venant de son père, et il se proposait de les classer, à la demande de M. Girardin qui, comme nous l'avons dit, s'était plu à rappeler déjà sommairement les travaux de François Descroizilles en manifestant l'intention d'en faire l'objet d'une étude détaillée.

La Notice que nous consacrons, avec une autorité évidemment insuffisante, au souvenir du chimiste dieppois et de ses proches, ne saurait au surplus mettre obstacle à la réalisation ultérieure de ce projet de la part du savant professeur, si quelque jour on parvient à rassembler et grouper, au point de vue de la science proprement dite, la correspondance de Descroizilles avec Monge, Fourcroy, Berthollet, Chaptal, et les documents intéressans qui ont dû provenir de la longue communauté de leurs travaux.

APPENDICE

§ Ier.

Voici en quels termes M. J. Girardin, dans ses *Leçons de Chimie élémentaire,* mentionnait succinctement les travaux scientifiques de F. Descroizilles :

« Descroizilles, né à Dieppe, est un des chimistes praticiens qui ont rendu le plus de services à l'industrie et notamment à l'industrie du département. Doué d'une vive imagination et d'une activité incroyable, il ne tarda pas, au sortir du laboratoire de *Rouelle,* dont il était l'élève, à signaler sa présence à Rouen par une foule d'inventions utiles qui ont rendu son nom à jamais célèbre. A peine le procédé de blanchîment par le chlore eût-il été publié par Berthollet, que Descroizilles s'empressa de le mettre en pratique dans son établissement de Lescure-lès-Rouen. Il réussit parfaitement et bientôt même, par les améliorations qu'il sut y apporter, il décida son adoption dans toutes les fabriques. Après avoir perfectionné le procédé de Berthollet pour l'extraction du chlore, il imagina de mettre de la craie en suspension dans l'eau où il recueillait ce gaz, et mit ainsi sur la voie de la découverte importante des chlorures de chaux, de potasse, etc. Il eut l'heureuse idée de construire, d'après le procédé d'analyse des alcalis par Vauquelin, un instrument qui pût être manié facilement par les hommes étrangers à la science. Il imagina l'alkalimètre, qu'il fit servir aussi à l'évaluation du titre des vinaigres et de la force des dissolutions de chlore. C'est ce qu'il appela l'acétimètre et le berthollimètre. C'est encore à Descroizilles que l'on doit le premier instrument et le seul qui puisse donner des indications exactes sur la valeur vénale des vins à distiller. — Membre de l'Académie et de la Société d'Emulation de Rouen, il a composé différents Mémoires qui tous attestent sa haute capacité et ses solides connaissances pratiques en chimie.....

« Malgré les immenses services qu'il a rendus à notre industrie départementale, aucun de ses compatriotes n'a songé encore à les rappeler au monde savant et industriel par une *Notice biographique*... Nous essaierons plus tard de réparer cet injuste oubli. »

§ II.

TRAVAUX DE DESCROIZILLES SUR LA FABRICATION ET L'ALTÉRATION DES CIDRES. — RAPPORT DE LAVOISIER.

Nous possédons, de la main de Descroizilles, la copie d'un document des plus intéressants à différents titres. C'est le rapport fait par l'illustre Lavoisier, au nom d'une commission dont faisaient partie avec lui : Cadet, Baumé, Darcet et Berthollet, rapport adopté par l'Académie des sciences de l'Institut, le 18 juin 1787 (procès-verbal revêtu de la signature de Condorcet), relatif à l'une des branches les plus utiles de l'industrie agricole normande : *La fabrication des cidres et poirés.*

Ce manuscrit qui n'a pas moins de vingt grandes feuilles de minute, d'une écriture serrée, mentionne les contestations qui, depuis plusieurs années, avaient lieu devant l'Académie de Rouen, entre les principaux chimistes de cette ville, au sujet des moyens pratiques de constater les falsifications des cidres; il relate divers arrêts du Parlement de Normandie portant condamnations ou injonctions réglementaires sur ce sujet; il décrit avec détail les nombreuses expériences effectuées par les membres de la commission de l'Institut, à qui le Roi avait demandé, selon le vœu du Parlement de Rouen, un travail complet pouvant servir de règle en cette matière. On y trouve enfin, dans une série de paragraphes nettement et savamment formulés, les réponses des expérimentateurs aux questions dont il importait tant alors d'avoir la solution dans l'intérêt de la santé publique et de la jurisprudence indécise des Parlements.

Mais ce qui, dans ce remarquable rapport, a fixé particulièrement notre attention, c'est l'hommage que l'on y rend aux premiers travaux du jeune élève en pharmacie *Henri Descroizilles*, qui n'avait pas craint de lutter contre la routine et de s'élever, au nom de la vérité scientifique, contre les assertions de savants en possession de la faveur publique.

Le fait est assez rare pour valoir les honneurs d'une citation détaillée. D'ailleurs le Mémoire d'un savant tel que Lavoisier offre en lui-même au point de vue historique un intérêt exceptionnel. Nous nous proposons d'en donner ici une analyse succincte.

Au milieu du siècle dernier, la fabrication, le commerce et l'exportation du cidre avaient pris en Normandie de grands développements. Certains brasseurs, et surtout les entrepositaires intermédiaires qui avaient à Rouen grand nombre de chantiers et de tentes le long des quais, s'étaient livrés notoirement à la falsification de cette boisson d'un usage général : ils sophistiquaient leur marchandise à l'aide de substances à base métallique, le plomb notamment qui a la propriété d'adoucir la crudité des cidres et de déguiser les mélanges. Des accidents graves en résultèrent et la magistrature s'en émut.

Indépendamment d'une révision sévère des anciens réglements et d'actives poursuites aboutissant à une condamnation à l'amende, à la destruction des liquides et à la prison contre les fraudeurs, le Parlement consulta l'Académie de Rouen sur les moyens chimiques de reconnaître pratiquement toute espèce d'altération.

Les savants s'occupèrent avec zèle de cette question, qu'ils durent traiter publiquement tant la controverse était animée.

Le Parlement qui, de son côté, avait été saisi de plaintes nombreuses, rendit le 27 avril 1775 un arrêt portant « défense, sous peine de 500 fr. d'amende et de punition corporelle, de mêler au cidre offert à la consommation publique aucune substance à base de plomb. » Il publiait en même temps un procédé simple (l'épreuve du foie de soufre), pour reconnaître la présence du plomb dans les cidres.

A peine cet arrêt était-il connu qu'un chimiste de Rouen, M. de la Folie, prétendit que ce moyen de constatation était insuffisant, attendu qu'on pouvait masquer l'addition par la craie et que cette terre, enveloppant les mollécules métalliques et empêchant l'action du foie de soufre, était elle-même dangereuse. Il préconisait l'usage de l'alcali fixe pour reconnaître la présence des terres calcaires dans les cidres.

Cette opinion d'un homme estimé dans la science entraîna le Parlement. Sans recourir à l'Académie, dont l'avis avait cependant motivé l'*addendum* du premier arrêt, il en rendit un second qui faisait défense d'introduire aucune substance étrangère quelconque dans la fabrication du cidre, sous peine de poursuites extraordinaires et *même de mort*, suivant l'exigence des cas. Il instituait en même temps des experts jurés pour visiter cette boisson dans tous les dépôts, dresser des procès-verbaux, etc.

Cet arrêt devint la base de toutes les procédures faites par les officiers de police de 1775 à 1784 !

M. Mesaize, apothicaire major de la Santé,

membre de l'Académie était, dans l'origine, chargé seul de la lourde responsabilité des constatations...

Après un accident grave arrivé à Honfleur, le Parlement, alarmé, rend le 26 mars 1784 un troisième arrêt qui « défend aux brasseurs et aux marchands de vendre dorénavant aucun cidre à Rouen et dans les villes du ressort sans avoir déposé préalablement des échantillons aux mains des officiers de police, chargés de faire jeter à la rivière tous ceux de ces liquides qui se trouveraient mélangés de corps étrangers. »

Cette disposition porta une atteinte profonde au commerce du cidre. La boisson renchérit considérablement ; et il y eut disette à Rouen au moment de la foire. Le 30 avril suivant, autre accident, nouveau réquisitoire, nouvel arrêt. Le procureur général insiste sur le principe des observations du chimiste de La Folie, quant à l'impossibilité de découvrir aisément les additions plombifères, et sur les dangers que peuvent faire courir les matières crétacées introduites dans le liquide.

De là, de nouvelles et sévères sentences de condamnations du Siége de police, notamment, les 5 juillet 1784 et 27 avril 1785.

Cette opinion, on l'a vu, était fondée en principe sur les deux suppositions annoncées en 1774, par M. de la Folie, comme des vérités chimiques incontestables : la première que, toutes les fois qu'il y a précipitation par un alcali, il en résulte que le cidre a été altéré par une addition de terre calcaire ; la seconde, que toutes les fois qu'il y a addition de matière calcaire, il n'est plus possible de reconnaître la présence du plomb dans les cidres.

Or, l'une et l'autre de ces suppositions étaient fausses.

« Quoique le mémoire du chimiste de la Folie fût resté sans contradicteur, quoi qu'il eût été en quelque façon adopté par l'Académie et invoqué par le Parlement, entraînant ainsi l'opinion générale, M. Descroizilles fils, alors élève en pharmacie, avait observé, dès l'année 1777, dans la 10e feuille hebdomadaire des *Archives de Normandie*, que c'était à tort que l'on concluait à l'altération du cidre par la craie parce qu'il donnait un précipité par l'alcali ; que ce précipité pouvait n'être dû qu'à la décomposition de la sélénité dont les eaux qu'on emploie pour couper le cidre en le fabriquant sont rarement exemptes. Il avait eu le bon esprit d'ajouter que toutes les indications de ce genre ne peuvent constituer que des probabilités et qu'il n'en pouvait résulter de preuves ni légales ni physiques. L'on va voir bientôt combien l'événement et l'expérience ont justifié ces assertions. »

Et cependant les poursuites, les condamnations s'étaient multipliées ; et, de par les injonctions du Parlement, qui avaient force de loi, un seul agent presque irresponsable tenait ainsi à peu près, dans sa main, la fortune et la liberté d'un grand nombre de commerçants !

La première lettre de Descroizilles fut suivie de différents écrits polémiques, dont le Premier Président du Parlement eut la sagesse de favoriser la publication, quoique la législation adoptée par le Parlement y fût indirectement attaquée.

Quelques-uns même de ces écrits blessèrent la délicatesse du Lieutenant-Général de police de Rouen. Descroizilles fut décrété et condamné, par sentence de ce tribunal, en 3 fr. d'amende envers le Roi, avec défense de récidiver, sous plus grande peine. Il aurait été ainsi victime de son zèle, si le Parlement, qui ne cessa de donner des preuves d'impartialité dans cette affaire, ne l'eût pris en quelque façon sous sa sauvegarde. Sur l'appel interjeté par le jeune chimiste de la sentence du Lieutenant-Général, M. de Grécourt, avocat-général, observa « qu'il s'en fallait de beaucoup que la conduite du sieur Descroizilles et la manière dont il s'est exprimé dans la feuille qui lui a occasionné une condamnation flétrissante (*sic*) lui ayent paru répréhensibles ; que l'une et l'autre, au contraire, lui ont paru dignes de louanges ; qu'elles sont le fruit de son amour pour le bien public et des travaux utiles qu'on lui a confiés ; qu'elles doivent lui attirer la confiance des gens de l'art et la reconnaissance de la Province ; qu'il a donné son avis en homme sage et instruit et qu'il en résulte, pour l'utilité de la matière, qu'il a savamment traitée, des lumières précieuses qui doivent servir dans la suite à éclairer les magistrats sur la conduite qu'ils doivent tenir... Que la feuille en question, en forme de lettre, n'est point parvenue dans les mains du public d'une façon clandestine ; qu'il l'a signée, fait insérer dans un journal approuvé par le Parlement et qui a subi la censure ; qu'en tout il n'a mérité à aucun point de vue les qualifications sous lesquelles il a été présenté et condamné. »

En conséquence, sur les conclusions de l'avocat général, le Parlement décharge M. Descroizilles des condamnations contre lui prononcées, et *l'autorise à faire imprimer, publier et afficher l'arrêt.*

Ces discussions avaient eu un autre avantage. Au lieu d'un seul expert juré pour la recherche et la constatation des altérations du cidre, le Parlement institua (1) une commission permanente composée de six membres : trois médecins et trois chimistes. M. Hardy, médecin, professeur royal de chimie, démonstrateur d'histoire naturelle de la Société royale de Médecine, fut appelé à la rédaction des procès-verbaux. Mais ses représentations sur la manière dont on opérait et sur les conséquences que la magistrature de police (tribunal de premier degré) tirait des expériences, n'ayant point été écoutées, il se retira. Les procès-verbaux furent dressés alors par MM. Fleury, Lepecq et Michel, médecins agrégés au *Collège de Médecine* de Rouen et par MM. Lechandelier et Mesaize. apothicaires.

La longue polémique dans laquelle Descroizilles avait pris une part si consciencieuse et si active, n'avait pas été sans donner quelque inquiétude aux médecins et aux chimistes. Lepecq de la Clôture, non moins ardent, adressa sur ce sujet, à la Société royale de Médecine de Paris, une série de propositions auxquelles elle répondit par deux rapports des

(1) Arrêt du 30 avril 1784.

22 mai 1784 et 7 juin 1785, qui ont été imprimés au mois de juillet suivant.

Lavoisier remarque que ces rapports auraient complétement tranché le débat qui divisait les chimistes de Rouen, si la Société avait pu déterminer deux points qu'il indique, et qui dépendaient de l'expérience même de la fabrication du cidre en grand, — opération qu'elle n'eut pas le loisir de faire; ce qui laissa une incertitude motivant, enfin, la demande du Parlement à l'Institut, et amena les conclusions définitives consignées dans le rapport de sa commission.

. . . .

Suivent, dans le rapport de Lavoisier, des indications fort intéressantes, mais trop étendues pour trouver place ici, sur les expériences appliquées à six sortes de cidres, ou plutôt à six modes différents de fabrication de cette boisson ; car il faut dire que pour se mettre à la hauteur de leur tâche, les cinq savants chimistes se firent eux-mêmes, pendant quelque temps, brasseurs de cidre dans l'ancien bâtiment des Ternes, qu'habitait l'un d'eux, M. Baumé.

Il en est de même des réponses détaillées que la commission a faites au questionnaire du Parlement. Leur reproduction *in extenso* (la seule manière de les faire comprendre) ne serait guère acceptable que dans un ouvrage spécial. Nous pensons, au surplus, que, publiées de cette façon et eu égard à la grande autorité scientifique des auteurs, ces développements auraient la plus grande utilité soit pour renseigner exactement les fabricants de cidre sur les moyens qu'ils doivent employer et sur ceux dont ils doivent s'abstenir, soit pour caractériser les altérations volontaires ou accidentelles, soit enfin pour fournir aux experts et aux tribunaux des bases sérieuses d'appréciation.

Qu'il nous suffise de rappeler, en terminant, que la plupart des assertions et des constatations expérimentales de Henri Descroizilles ont été confirmées par les travaux et les témoignages de la commission de l'Institut, et que, sur ce point comme sur beaucoup d'autres, le célèbre chimiste normand avait pris une initiative aussi indépendante qu'énergique et bien inspirée.

RENSEIGNEMENTS BIBLIOGRAPHIQUES

Description et usage du Bertholliniètre. 1802

Mémoire sur les ateliers de tisserands, les encollages et parements employés par les ouvriers. . . . . . An XIII

Mémoire sur l'art d'économiser le combustible. . . . An XIII

Notice sur la Pyrotechnie. 1803

Supplément à cette notice 1804

Mémoire sur l'étain 1806

Notices sur l'Aréométrie 1802-06

J'ai relevé l'indication de ces anciennes publications de Descroizilles dans les notes recueillies par M. Ed. Frère pour un Supplément à son *Manuel du Bibliographe.*

Essai sur l'art du Salpétrier ; mémoire présenté le 16 pluviôse an IV à l'Institut. Paris, 1805. Précis de l'Académie de Rouen. 1805

Notices sur les alcalis du commerce, opuscule utile aux verriers, aux savonniers, aux teinturiers, aux salpétriers, aux blanchisseurs, etc., par M. Descroizilles aîné, membre de l'Académie de Rouen et chimiste manufacturier (avec une gravure).

Epigr. *Pro atrium utilitate.*

Paris, Bernard, libr. 1806

Ces notices ont été lues en séance de l'Académie, le 5 therm. an XIII.

Annales de Chimie, tom. 60, extraits.

Méthode très-simple pour préserver les blés, seigles, orges, avoines, riz, etc., de toute altération et de tout déchet, dans des bâtiments beaucoup moins spacieux et moins coûteux que les greniers ordinaires, sans surveillance et sans autres frais que l'intérêt du capital, par F.-A.-H. Descroizilles aîné. Paris, Delauney, libraire. . . . . août 1819

Estampillage en registre, moyen certain de réprimer la fraude et de percevoir des droits d'entrée suffisants sur tous les produits de l'industrie étrangère. — Et nouveau genre de contributions indirectes et proportionnelles pour remplacer les contributions sur les matières premières : boissons, huile, sel ; pour obtenir la liberté de la culture et de la fabrication du tabac, et la suppression de la loterie et des maisons de jeux (avec une planche lithographiée), par F.-A.-H. Descroizilles aîné (première partie). Paris, Delauney 1819

Je ne sais si la seconde partie a paru.

Notice sur les fermentations vineuses et spécialement sur celles du cidre et du poiré, par F.-A.-H. Descroizilles aîné (extrait des *Annales de l'Industrie nationale et étrangère*, tome VII, page 84), à Paris, chez l'auteur et chez Bachelier, libr 1822

A la page 18 se trouve cette note :

« Lorsque cette notice a été copiée pour être livrée à l'impression, un malentendu a fait transposer quelques phrases et supprimer plusieurs parties de phrases. Il en est résulté une description tellement obscure et incomplète, que je me suis déterminé, comme on peut s'en apercevoir ici, à faire réimprimer les pages 15, 16, 17, 18 de cet extrait. Malheureusement, je n'ai pas pu porter ces corrections sur chacun des exemplaires du 7e vol. des *Annales de l'Industrie*. Au reste, *j'ai profité de l'occasion* pour offrir quelques améliorations dans le procédé; elles m'ont été ultérieurement dictées par la réflexion et par mes expériences. »

Ceci nous paraît caractéristique de la grande conscience de l'auteur. Combien ne songeraient pas à *profiter* d'une des misères les plus irritantes de la publicité pour ne songer qu'à l'occasion qu'elles donnent..... d'améliorer l'ouvrage?

Notices sur l'Alcalimètre et autres tubes chimico-métriques, ou sur le Polymètre chimique, et sur un petit alambic pour l'essai des vins. Opuscule utile aux fabricants, commerçants et consommateurs de soude, de potasse, de savon, de vinaigre et d'eau-de-vie, par F.-A.-H. Descroizilles, ancien démonstrateur royal de chimie, ancien membre et secrétaire du Conseil général des Manufactures.

Troisième édit. corrigée et augm. Paris, chez l'auteur et chez l'ing. Chevalier 1824

TABLE

Pages.

§ I.

§ II.

§ II (suite).

DOCUMENTS

RELATIFS A LA

FABRICATION DU CIDRE

REMARQUES

auxquelles elle a donné lieu aux points de vue
des altérations de cette boisson,
des moyens chimiques et pratiques de reconnaître les
falsifications dont elle peut être l'objet,
et des règles à observer pour la constatation des délits
dans l'intérêt de la santé publique.

ANNEXE A LA NOTICE SUR F.-A.-H. DESCROIZILLES

Par J.-A. DE LÉRUE

> Non tot in autumni rubet Algia tempore pomis
> Unde liquare solet siceram sibi Neustria gratam.
>
> Guillaume LE BRETON.
> *(Philippide).*

On a vu, par l'extrait qui précède du rapport de la Commission de l'Institut, chargée d'élucider la question des falsifications du cidre en Normandie, combien cet objet avait divisé les praticiens, préoccupé et inquiété même la magistrature et l'administration, à la suite d'accidents graves dont le Parlement avait eu à rechercher les causes. Bien que cette question soit toujours restée, à vrai dire, dans le programme des études scientifiques sur l'hygiène de l'alimentation, et que les chimistes et les médecins n'aient pas cessé de considérer l'importance des effets plus ou moins nuisibles d'une consommation d'un usage si général dans notre pays, on n'aperçoit pas les résultats pratiques des disputes, des expériences auxquelles elle a donné lieu à la fin du siècle dernier, au point de vue d'une réglementation qui, alors, était jugée si nécessaire.

Il est vrai que les réformes législatives de 1790 à 1794, entraînant la liberté du commerce et de l'industrie, ont supprimé certaines responsabilités qui, antérieurement, étaient de l'essence de la justice et de l'administration des provinces, et rendu au droit commun, sous une forme générale, l'appréciation et la poursuite des sophistications.

Cependant, de même que cette liberté du commerce et de l'industrie souffre d'utiles restrictions en matière d'établissements dangereux, insalubres ou incommodes (décret de 1810, ordonnance de 1815, etc.), de même on pourrait former le désir qu'une réglementation sanitaire (ne dût-elle avoir que le caractère de l'indication scientifique ou de l'avertissement administratif) fût appliquée aux préparations et à la mise en vente de tous les objets de consommation, solides ou liquides, dont l'usage peut avoir une si grande influence sur la santé publique.

En d'autres termes, nous ne verrions qu'avantages à ce que, comme il y a dans certaines localités des inspecteurs sanitaires pour les poissonneries, les boucheries et les boulangeries, il en fût institué également *pour les fabrications indigènes des boissons alimentaires, le cidre notamment, dont la brasserie et le commerce ne sont actuellement soumis à aucune espèce de surveillance*, bien que, surtout dans les villes, on sache que cette boisson n'arrive sur nos tables qu'après avoir passé par les mains de plusieurs intermédiaires et avoir subi des mélanges plus ou moins inoffensifs.

A ce point de vue, et pour ne rien négliger de ce qui peut servir à l'intérêt général, nous revenons sur l'analyse volontairement restreinte que nous avons faite du remarquable rapport de Lavoisier, Darcet, Baumé, Cadet, Chaptal et Bertholet, relatif à la fabrication des cidres, et nous reproduisons avec détail le procès-verbal des expériences de ces savants chimistes et de leurs conclusions.

On sait que les expérimentateurs ont opéré eux-mêmes, en 1785, à Paris, avec des pommes que le Ministre leur avait fait adresser de Normandie. Il y en avait de différentes espèces et qualités, mêlées ensemble. La quantité en était d'environ 1,200 livres pesant. L'atelier de fabrication fut établi chez M. Baumé, au château des Ternes. Il y fit monter une presse, construire une auge de bois d'orme et une autre de pierre calcaire fort dure, de l'espèce connue sous le nom de *pierre de liais*, pour piler les pommes. Munis de ces ustensiles et d'un nombre de barils suffisant, les chimistes, pendant la fin de décembre et le cours du mois de janvier, ont procédé à la fabrication des différentes sortes de cidre ci-après indiquées.

Cidre n° 1.

Sans addition d'eau, non cuvé.

Le 24 décembre, on a pilé, dans une auge de bois et avec des pilons de bois, 140 livres (1) de pommes. On les a mises, sur-le-champ, à la presse, et on en a retiré 52 pintes environ de jus, d'une couleur brune foncée et d'une saveur douce et sucrée. Le marc, bien égoutté, s'est trouvé peser le lendemain 31 livres. Ce cidre a été descendu dans une cave et on l'a laissé fermenter, jusqu'à la

(1) On nous permettra de ne point traduire ces quantités en mesures nouvelles. La conversion ne paraît pas ici nécessaire pour l'intelligence des résultats.

fin de mars. A cette époque il était encore dans un état de fermentation ; il n'était pas très-agréable : il rougissait le papier bleu et était sensiblement acide au goût.

CIDRE N° 2.

Fait avec addition d'eau de rivière et non cuvé.

On a pilé, le 26 janvier 1786, dans l'auge de bois et avec des pilons de bois, 93 livres de pommes. On y a mêlé 47 livres d'eau de la Seine. On a mis, sur-le-champ, à la presse, sans faire cuver. On a porté à la cave les 50 pintes de liqueur qu'on a obtenues. A la fin de mars, ce cidre fermentait encore dans le tonneau. Il rougissait le papier bleu, était légèrement acide, mais il avait un goût vineux agréable, et était plus clair et de meilleure qualité que le cidre n° 1.

CIDRE N° 3.

Fait sans addition d'eau et cuvé.

On a pilé, le 26 janvier 1786, dans une auge de bois et avec des pilons de bois, 140 livres de pommes. On a mis le tout à cuver, dans un tonneau, jusqu'au 20 février suivant. La liqueur commençait à fermenter, elle avait l'odeur vineuse. On a tiré le jus par la presse et on a obtenu 50 et quelques pintes de liqueur, qu'on a descendues à la cave.

Le 30 mars, ce cidre était encore dans un état de fermentation ; il rougissait le papier bleu et avait un goût légèrement acide ; il avait plus de corps que le cidre n° 2, mais il n'était pas si agréable.

CIDRE N° 4.

Fait avec l'eau de puits, non cuvé.

On a pilé, le 27 janvier, dans l'auge de bois et avec des pilons de bois, 93 livres de pommes. On y a ajouté 47 livres d'eau du puits du château des Ternes (1). On a mis sur-le-champ à la presse et on a descendu le produit à la cave. A la fin de mars, ce cidre fermentait encore ; il rougissait le papier bleu, mais moins que les précédents. Il était fort léger, peu coloré, et ressemblait à une espèce de piquette, fort agréable, du reste.

CIDRE n° 5.

Fait avec de l'eau de puits et cuvé.

Le 27 janvier on a pilé dans une auge de bois avec des pilons de bois 93 livres de pommes ; on y a mêlé 47 livres d'eau de puits et on a laissé cuver jusqu'au 2 février. La liqueur, à cette époque, avait déjà pris un commencement de fermentation. Elle avait l'odeur vineuse. On a mis la matière à la presse ; mais ce n'est qu'avec peine que la liqueur a coulé. On en a cependant obtenu environ 50 pintes. A la fin de mars, ce cidre fermentait encore. Il rougissait le papier bleu ; il différait peu du précédent, mais il était moins agréable.

(1) L'eau de ce puits contenait environ 44 grains de sélénite par pinte.

CIDRE n° 6.

Fait sans eau, non cuvé, et avec des pommes pilées dans une auge de pierre.

On a bien nettoyé et lavé une auge de pierre ; on y a pilé, le 27 janvier 1786, avec des pilons de bois, 140 livres de pommes ; on les a passées sur-le-champ à la presse, et on a mis à la cave les 50 et quelques pintes qui en sont provenues.

Le 30 mars ce cidre fermentait encore, il rougissait le papier bleu ; il avait une saveur un peu acide et se rapprochait beaucoup pour la qualité de celui n° 2, mais il était moins vineux et moins agréable.

Ces différents cidres, dans lesquels on avait la certitude qu'il n'était entré que des pommes et de l'eau, ont fourni des termes de comparaison dans les expériences dont il va être rendu compte, et les chimistes se sont alors trouvés en état de répondre avec certitude, d'après des faits bien constatés, à la plus grande partie des questions qu'on pouvait faire, relativement à l'objet sur lequel l'Académie était consultée.

PREMIÈRE QUESTION.

La propriété qu'ont quelques cidres de donner par l'alcali fixe un précipité terreux, est-elle une preuve qu'on y ait ajouté de la craie, de la chaux, de la cendre, ou quelqu'autre terre absorbante ?

RÉPONSE.

Pour mettre l'Académie en état de se prononcer sur cette question, nous avons rempli six verres de chacun des six cidres que nous avions fabriqués nous-mêmes ; nous avions versé sur chacun de l'alcali fixe non caustique en liqueur. Il n'y a eu aucun précipité dans les cidres fabriqués sans eau, ou avec de l'eau de rivière, et la liqueur a plutôt été éclaircie que troublée. Il y a eu, au contraire, un léger précipité dans le cidre fabriqué avec des pommes pilées dans une auge de pierre. Le précipité a été beaucoup plus considérable, et il a été très-abondant dans deux cidres où il était entré de l'eau de puits.

On voit donc que l'acide des pommes, nouvellement découvert par M. Scheele, a la propriété d'agir sur la terre calcaire même des auges de pierre dans lesquelles on pile le fruit ; qu'il se fait une dissolution de la pierre calcaire, d'où résulte un sel à base terreuse qui se dissout dans le cidre ; que cette même terre se précipite et reparaît lorsqu'on verse l'alcali fixe sur le cidre. Or, si cet effet a eu lieu dans nos expériences, malgré le soin et la propreté que nous avons apportés, combien doit-il être plus sensible dans les campagnes, où les pommes sont souvent pilées dans des auges de pierre calcaire très-sale et où elles passent sous des meules de même matière ?

Voilà donc une première cause qui doit communiquer à un assez grand nombre de cidres, au moins dans les provinces où l'on fait usage de meules en pierre calcaire, la propriété de donner un précipité terreux par l'alcali fixe.

Mais la nature des eaux doit fournir une cause bien plus générale du même effet, et cet effet doit être beaucoup plus marqué. Il ne se fait presque pas de cidre qu'on n'y ajoute de l'eau pendant la fabrication ; la plupart de ces eaux proviennent de mares, de puits, de fontaines, qui souvent sont plus ou moins séléniteuses. Or, on sait que les eaux séléniteuses donnent par l'alcali un précipité très-abondant. Ce n'est donc pas le cidre qui fournit la terre calcaire, mais bien l'eau qui a été employée à sa préparation.

Il serait à souhaiter, sans doute, qu'on n'introduisît dans les cidres que de l'eau très-pure, telle que de l'eau de rivière ou de source reconnue bonne, et de l'eau de pluie conservée dans de bonnes citernes. Mais on ne peut pas en faire une loi. Les habitants de la campagne n'ont aucuns moyens pour éprouver les eaux et on ne peut pas leur faire un crime de se servir, pour la fabrication de leur cidre, de l'eau même qu'ils consomment pour leur boisson.

Pour qu'il ne nous restât, au surplus, aucune inquiétude sur le résultat de ces expériences, nous avons cru devoir les répéter avec M. Mesaize lui-même. Nous lui avons donné, à cet effet, à examiner en notre présence les six espèces de cidre que nous avions fabriquées, mais sans lui en dire l'origine et en les marquant seulement de leur numéro. Il en a mis dans des verres suivant sa méthode ordinaire ; il y a versé de l'alcali fixe très-pur en liqueur, et, après avoir donné le temps nécessaire pour que le précipité s'opérât, il a déclaré, dans un rapport signé de lui le 30 janvier dernier, que le cidre n° 1, fait sans addition d'eau et non cuvé, ne présente pas d'auréole (1) sensible et point de précipité ;

Que le cidre n° 2, fait avec addition d'eau de rivière et non cuvé, ne présente également aucune apparence d'auréole ;

Que le cidre n° 4, celui fait avec addition d'eau de puits, non cuvé, présente une auréole bien marquée dans le verre qui n'a pas été remué et qu'il y a un précipité dans le verre qui a été remué ;

Que le cidre n° 5, celui fait avec de l'eau de puits et cuvé, présente également une auréole dans le verre dans lequel l'alcali n'a point été remué et un précipité dans celui qui a été remué ;

Que le cidre n° 6, celui fait sans eau, non cuvé, mais avec des pommes pilées dans une auge de pierre, ne présente qu'une auréole et un précipité très-léger.

Les Commissaires de l'Académie des Sciences ayant demandé à M. Mesaize (2) si les cidres dans lesquels il avait reconnu une auréole et un précipité auraient été dans le cas d'être condamnés d'après les principes adoptés par la juridiction de la police et des experts, il a répondu « que lorsque le « précipité n'occupait au fond du verre que l'espace « d'une ligne, on le regardait comme nul, mais « que, dans les expériences qu'il venait de faire en

(1) Lorsqu'on verse sur du cidre de l'alcali fixe en dissolution, cette dernière liqueur tombe au fond, comme spécifiquement plus lourde. Dans certains cas, il se forme un nuage léger dans le plan d'intersection des deux liqueurs. Ce nuage est un véritable précipité qui se forme aux points de contact; c'est ce que les chimistes de Rouen avaient nommé : *auréole*.

(2) On sait que c'est sur les rapports de ce pharmacien expert que les décisions du Parlement avaient ordinairement lieu.

« présence des Commissaires de l'Académie, les « cidres nos 4 et 5 auraient été dans le cas de la « condamnation. »

(Ont signé cette déclaration : Mesaize, Cadet, Lavoisier, Baumé, Bertholet et d'Arcet).

Des chimistes de Rouen avaient prétendu que le corps muqueux dissous dans l'eau était susceptible d'être précipité par l'alcali fixe, que la gomme arabique elle-même avait cette propriété et qu'en conséquence le *cidre doux*, avant que sa fermentation fût complète, devait donner naturellement et sans qu'il eût reçu aucune addition de corps étrangers, un précipité par l'alcali fixe.

Cette circonstance aurait été précieuse dans l'usage de l'alimentation, parce qu'elle aurait fourni un moyen simple de reconnaître si un cidre ancien avait été recoupé ou mélangé avec du nouveau.

Pour savoir à quoi nous en tenir à cet égard, nous avons fait piler des pommes dans une auge de bois, avec des pilons de bois ; les ayant passées à la presse nous avons rejeté les premières portions qui étaient troubles et nous n'avons employé que celles obtenues les dernières et qui s'étaient éclaircies en se filtrant à travers le marc. Ayant ensuite soumis ce jus de pommes à l'épreuve de l'alcali fixe, celui non filtré ou filtré à travers le marc n'a donné aucune apparence de précipité ni sur le champ ni pendant l'espace de quatre jours. Il n'en a pas été de même de celui filtré à travers le papier Joseph ; celui-ci a donné sur le champ par l'alcali fixe un précipité sensible d'un rouge briqueté ; ce qui prouve que le filtre de papier fournit de la terre calcaire à l'acide des pommes, et forme avec lui un sel à base terreuse.

M. Hardy avait déjà fait la même observation dans le mémoire que nous avons cité.

Une dissolution de gomme arabique bien pure ne nous a donné par l'alcali fixe aucun précipité.

L'alcali fixe ne fournit donc pas le moyen de reconnaître les mélanges de cidre nouveau avec l'ancien, comme quelques chimistes l'avaient prétendu. Le précipité qu'ils ont obtenu provenait du filtre, ou, en général, de quelque portion de terre étrangère introduite accidentellement dans le jus de pommes ou cidre doux, sur lequel ils ont opéré.

SECONDE QUESTION.

L'addition des substances terreuses calcaires, telles que la craie et les cendres, masquent-elles la présence du plomb, au point de rendre méconnaissable cette substance métallique par les différents réactifs, tels que le foie de soufre, l'acide vitriolique, l'acide marin, etc.?

RÉPONSE.

Pour répondre à cette question, nous avons pris du cidre n° 2 qui avait été fait avec des pommes et de l'eau de la Seine (on a vu que ce cidre ne donnait pas de précipité par l'alcali). Nous y avons mêlé une quantité considérable d'une dissolution de terre calcaire par le vinaigre, puis, dans un verre de ce mélange, nous avons ajouté une goutte de dissolution de plomb par le vinaigre; enfin, nous avons versé sur le tout quelques gouttes de foie de soufre volatil. Il s'est fait sur le champ un précipité brun dont la couleur était à peu près aussi foncée que s'il n'eût point été ajouté de terre calcaire dans le cidre.

Pour ne rien laisser à désirer sur ce résultat, nous avons mis, dans une autre portion du même cidre n° 2, de la craie en poudre autant qu'il a pu en dissoudre. Nous avons filtré, puis, à cinq ou six parties de ce mélange, nous en avons ajouté une d'un cidre que nous avions lithargisé ; ayant versé quelques gouttes de foie de soufre volatil, il s'est fait sur le champ un précipité noirâtre. L'addition de la terre calcaire ne masque donc point les différentes préparations de plomb introduites dans les cidres, comme l'avait annoncé M. de La Folie. Les inquiétudes qu'il avait inspirées à cet égard ne portent donc sur aucun fondement, et l'épreuve du foie de soufre et surtout du foie de soufre volatil fournit un moyen également concluant pour reconnaître la présence du plomb dans les cidres, soit qu'on y ait ajouté, ou non, de la terre calcaire.

TROISIÈME QUESTION.

Les expériences faites par les réactifs tels que le foie de soufre fixe ou volatil, l'acide marin, etc., sont-elles suffisantes pour qu'on puisse assurer, d'une manière positive, qu'il existe du plomb dans une boisson ?

RÉPONSE.

Toutes les fois qu'en versant sur un cidre ou sur une liqueur fermentée quelconque quelques gouttes de foie de soufre volatil, il se forme un précipité noir ou même d'un brun foncé, il en résulte une très-grande probabilité et presque une certitude, que cette liqueur contient une préparation de plomb ou d'une autre substance métallique. Cependant comme il se mêle souvent, dans les expériences chimiques faites par les réactifs, des circonstances délicates et des effets inattendus ; comme il n'est pas démontré que quelqu'autre substance non malfaisante et qui pourrait se rencontrer naturellement dans les cidres, ne puisse pas produire le même effet, la prudence exige que, quand il est question de prononcer des peines afflictives, on ait recours à des expériences plus décisives. Nous pensons, comme la Société royale de Médecine, que les seules véritablement concluantes consistent à faire évaporer une quantité assez considérable de ces cidres, douze pintes par exemple et même plus s'il est nécessaire ; à faire incinérer l'extrait, à le combiner avec du borax et de l'alcali fixe, et à le passer au feu dans un creuset d'essai jusqu'à ce que le tout soit entré parfaitement en fusion. Il ne suffit pas, dans ces sortes d'occasions, qu'il se trouve à la fin de l'opération, un enduit de couleur plombée dans l'intérieur du creuset, comme l'a obtenu M. de la Folie. Cet enduit plombé ne prouve rien : il faut que le plomb se retrouve en nature et sous forme métallique et malléable, et recommencer l'opération jusqu'à ce qu'on y soit parvenu. Autrement, c'est-à-dire si on ne peut obtenir le plomb en culot, toutes les autres indications doivent être regardées comme insuffisantes.

QUATRIÈME QUESTION.

Quelles conséquences peut-on tirer de l'expérience du barreau de fer, faite dans les derniers temps par les chimistes de Rouen ?

RÉPONSE.

Les médecins et les chimistes de Rouen ayant soupçonné que quelques-uns des cidres soumis à l'examen contenaient du cuivre, ils se sont servis, pour le reconnaître, du moyen suivant : ils mettaient dans le cidre ou dans la liqueur dans laquelle ils soupçonnaient du cuivre un petit barreau de fer bien décapé. Il faut l'y laisser vingt-quatre heures sans remuer la liqueur. L'acide qui tenait le cuivre en dissolution quitte ce métal pour s'unir au fer avec lequel il a plus d'affinité. En même temps le cuivre se dépose à la surface du fer et lui donne toute l'apparence d'un barreau de cuivre.

Ce moyen, qui est indiqué par la table de Geoffroy, est d'ailleurs employé depuis longtemps dans les travaux des mines, pour obtenir le cuivre des eaux vitrioliques. Mais on ne savait pas, et nous ignorions nous-mêmes, à quel point ce procédé était sensible.

Nous avons essayé d'introduire dans des cidres purs des quantités de cuivre extrêmement petites 1/128 de grain, par exemple, sur une pinte, quantité qui aurait échappé à tout autre genre d'expériences. La partie du barreau plongée a été complétement recouverte d'un enduit de cuivre très-brillant.

Il est avantageux sans doute d'avoir un moyen

sûr de reconnaître la présence des plus petites quantités de cuivre dans les liqueurs destinées à servir de boisson, mais on ne peut pas supposer qu'on l'y introduise à dessein sous quelque forme que ce soit. Les préparations de cuivre n'ont pas, comme celles du plomb, la propriété d'adoucir les cidres. Elles leur communiquent, au contraire, un goût désagréable, et qui serait même insupportable si la quantité de cuivre était un peu considérable. Le cuivre ne peut donc s'y trouver qu'accidentellement. Une cause bien simple peut en faire rencontrer quelquefois dans les cidres. On les fabrique presque toujours dans une saison très-froide et où la fermentation a de la peine à s'établir. Les gens de campagne n'ont d'autres moyens, pour réchauffer le cidre trop froid, qui ne peut fermenter, que de faire chauffer une certaine quantité de jus de pommes pour le verser ensuite dans celui qui doit fermenter, et c'est presque toujours dans des chaudrons de cuivre que se fait cette opération. Quelquefois on ne les a pas bien nettoyés avant de s'en servir, ou bien on y a laissé séjourner trop longtemps la liqueur. L'acide des pommes attaque le cuivre et il peut s'en dissoudre assez pour qu'on puisse le reconnaître par les moyens que nous venons d'indiquer, et même que ces cidres incommodent par un usage habituel. Quoi qu'il en soit, c'est toujours par un effet de la négligence des fabricants qu'il se trouve du cuivre dans les cidres, et cette négligence peut avoir des suites funestes.

Nous pensons donc que ceux dans lesquels sa présence est constatée doivent être soustraits à la consommation et convertis en eau-de-vie. Mais ceux qui les ont fabriqués ne nous paraissent dans le cas d'être condamnés à des peines qu'autant qu'ils auraient eu intention de nuire, intention qui ne doit pas se présumer, et qui, d'ailleurs, si elle était prouvée, rentrerait dans la classe des crimes prévus par les lois.

CINQUIÈME QUESTION.

Quels sont les mélanges véritablement condamnables et qui doivent exciter la sévérité des lois ? Peut-on tolérer dans les cidres l'addition des substances absorbantes, telles que les cendres, l'alcali, la craie, la chaux et les terres calcaires en général ?

RÉPONSE.

La quantité de cendres, de craie, de matières alcalines et absorbantes qu'on peut introduire dans les cidres, pour en détruire l'acidité, est limitée par la nature même de la chose, et ne peut être considérable. Si la quantité ajoutée était seulement suffisante pour neutraliser entièrement l'acide, les cidres ne seraient plus potables. Nous pensons en conséquence, absolument comme la Société royale de Médecine, que cette addition ne peut pas être nuisible à la santé et qu'on peut la tolérer, sans crainte et sans inquiétude.

Nous sommes également persuadés que les cidres, ainsi adoucis par l'addition des substances alcalines et terreuses, sont moins nuisibles à la santé qu'ils ne l'auraient été si on les eût laissé dans leur état d'acidité et qu'on eût abandonné la fermentation acide à son cours naturel.

Mais comme les cidres, ainsi rétablis, ne sont pas de garde, comme il est important que les acheteurs soient prémunis contre ce genre d'altération, nous conseillons de répandre dans les campagnes une instruction courte et très-simple sur la manière d'essayer les cidres et de reconnaître les additions de corps étrangers qui pourraient y avoir été faites.

A l'égard des additions de litharge, de céruse, de blanc de plomb, comme toutes les préparations de ce métal sont de véritables poisons, nous pensons que les lois doivent en proscrire l'usage sous des peines sévères. Ces lois ne sauraient avoir trop de publicité ; *elles doivent être lues aux prônes des paroisses, et y être relues chaque année à l'époque où commence la fabrication des cidres*. Elles doivent être accompagnées de l'instruction relative à l'essai des cidres, instruction qu'on ne saurait, de même, trop répandre et trop mettre à la portée de tout le monde.

SIXIÈME QUESTION.

Peut-on tolérer le mélange des cidres nouveaux avec les vieux, pour les rajeunir ; les introductions de sucre ou de mélasse dans les cidres pour y ranimer la fermentation ? Y a-t-il quelque danger de souffrir qu'on y mette de l'eau-de-vie de vin ou de cidre, pour leur donner plus de corps ou pour en prévenir le dépérissement?

RÉPONSE.

Les mélanges de cidre les uns avec les autres ont, en général, peu d'inconvénients et souvent ils offrent de l'avantage. On ne peut donc se dispenser de les tolérer ; d'ailleurs c'est un principe de ne défendre que ce que l'on peut empêcher ; or, la police la plus surveillante ne peut s'opposer à ce qu'un particulier mêle ensemble deux cidres qu'il a dans son domicile et la chimie ne fournit, jusqu'à présent, aucun moyen certain de reconnaître ces sortes de mélanges qui, au surplus, n'ont rien de malfaisant.

Quant aux additions de sucre, de mélasse, de jus de pommes épaissi, elles ne peuvent que contribuer à la qualité du cidre, surtout lorsqu'elles sont faites dans le temps de la fabrication, et leur usage, d'ailleurs, a été conseillé par des chimistes distingués, notamment par MM. Macquer et Baumé. Nous pensons donc que, loin de les défendre, on doit en recommander l'usage. On en peut dire autant de l'eau-de-vie, malgré le préjugé contraire presque universellement répandu. L'addition, en quantité modérée, de cette liqueur dans les cidres ne peut être dangereuse dans aucun cas, et elle a l'avantage de donner aux cidres du corps, de la qualité et de les rendre plus durables ; — il est des provinces entières où le mélange de l'eau-de-vie avec le *vin* est universellement pratiqué ; les deux liqueurs s'incorporent ensemble, avec le temps, au point de rendre la présence de l'eau-de-vie absolument impossible à découvrir.

SEPTIÈME QUESTION.

Quels sont les moyens que le gouvernement pourrait mettre en usage pour perfectionner la fabrication des cidres en Normandie, pour bannir les craintes du public, les inquiétudes des tribunaux et faire renaître la confiance dans le commerce ?

RÉPONSE.

Le seul moyen que le gouvernement puisse employer pour perfectionner la fabrication des cidres est de porter l'instruction dans les campagnes ; de faire rédiger une instruction bien faite et à la portée du peuple sur la meilleure manière de fabriquer le cidre, et de la répandre dans toutes les paroisses. Tout règlement, tout moyen coactif entraînerait les plus grands inconvénients, premièrement, parce que tous les arts sont susceptibles de progression et qu'en vouloir fixer les procédés par un règlement, c'est mettre d'avance un obstacle permanent à tout progrès ultérieur ; secondement, parce que le gouvernement ne doit imposer de lois qu'autant qu'il a des moyens de les faire exécuter, et qu'il n'en existe aucun qui puisse empêcher les gens de la campagne de mêler de l'eau avec leur cidre lorsqu'ils le fabriquent, de le faire cuver plus ou moins et de suivre tel procédé qu'ils jugent à propos pour la fabrication.

Nous n'ignorons pas qu'en proposant d'assujettir la fabrication des cidres à des règlements, on y a joint le projet d'établir *des inspecteurs* pour en assurer l'exécution. Mais la confiance de l'Académie, dont nous nous trouvons honorés en ce moment, nous impose le devoir de combattre de toutes nos forces un projet aussi dangereux. Des inspecteurs de cette espèce ne rempliraient l'objet de leur institution qu'autant qu'ils seraient très-nombreux, et alors il en résulterait un impôt réel mis sur la fabrication des cidres dans la province de Normandie. Ce n'est pas la première fois que le gouvernement a cédé à des propositions de ce genre, qu'il a établi des inspecteurs pour vérifier la qualité des boissons, des bestiaux, des denrées, des marchandises, et que des droits ont été accordés à des officiers sous prétexte de l'utilité publique. Des fonctions qui étaient inutiles ou plutôt qui n'auraient pu s'exercer sans troubler l'ordre de la société, ont été supprimées; mais les droits qui y avaient été attachés ont continué à se percevoir. D'ailleurs, les habitants de la campagne sont déjà assujettis à un grand nombre de gênes, nécessaires sans doute sous de certains rapports, sans les assujettir à des formalités inutiles qui entraînent la violation du domicile, qui soumettent la fortune et l'honneur des citoyens au témoignage d'un petit nombre d'hommes et de ceux-mêmes qui ont intérêt à les trouver coupables (1)......

Nous répétons donc que le gouvernement doit se contenter d'instruire les habitants de la campagne sur leurs propres intérêts dans la fabrication des cidres ; de mettre dans les mains des marchands et des consommateurs les moyens d'essayer eux-

(1) Voir nos observations à la suite de cette reproduction.

mêmes les cidres du commerce, en publiant et en répandant, dans toutes les paroisses de la Normandie, des instructions rédigées dans cette vue; qu'alors, chacun étant en état de juger les cidres, de les admettre ou de les rejeter, on pourra toujours proportionner le prix à la qualité.

RÉSUMÉ ET CONCLUSIONS.

De tout ce qui précède, nous concluons :

1° Que le précipité terreux qu'on obtient de quelques cidres, lorsqu'on y mêle de l'alcali fixe en liqueur, ne fournit point une preuve qu'on y ait ajouté à dessein de la craie ou une autre terre calcaire pour l'adoucir ou en absorber l'acide;

2° Que l'addition des cendres, de la craie, de la chaux, de terres calcaires et arsorbantes en général, n'empêche pas, comme l'avait annoncé M. de la Folie, le plomb qui a été introduit dans les cidres de se manifester par l'addition du foie de soufre;

3° Que l'addition des cendres, de l'alcali, de la chaux, des terres calcaires, dans le cidre, ne peut pas être assez considérable pour devenir nuisible à la santé ; que les cidres ainsi adoucis sont moins malfaisants qu'ils ne l'auraient été si on n'en eût point corrigé l'acidité, et que le principal et peut-être le seul reproche qu'on puisse faire à ces cidres, c'est d'être de peu de garde ;

4° Que les additions de blanc de plomb, de céruse, de litharge et toutes autres préparations de plomb sont les seules qui doivent exciter l'animadversion des tribunaux et la sévérité des lois. Mais que l'épreuve faite par le foie de soufre et la couleur brune ou noire du précipité ne suffisent pas pour motiver des condamnations et des peines afflictives ; qu'il faut des preuves plus décisives et que l'existence du plomb ait été rendue sensible et démontrée par le procédé que nous avons indiqué ;

5° Que, comme le cuivre ni aucune de ses préparations n'ont la propriété de rétablir les cidres aigres, on ne peut pas supposer, à moins qu'on en ait acquis une preuve légale, qu'elles y aient été ajoutées à dessein ; qu'on doit donc se contenter de retirer de la consommation les cidres dans lesquels *le barreau de fer* aura démontré la présence du cuivre, mais sans prononcer de peines afflictives ;

6° Que, pour ramener la législation relative aux cidres, au point que nous venons d'indiquer, il paraît nécessaire qu'il soit rendu, par tout le Royaume, une loi qui défende, sous des peines sévères, l'addition du plomb et de toutes les préparations du plomb dans les boissons ; qui ordonne que celles où il se trouvera du cuivre seront soustraites à la consommation et converties en eau-de-vie, et qu'il soit donné à cette loi la plus grande publicité, principalement dans la province de Normandie ;

7° Qu'à l'égard des additions de cendres, d'alcali, de craie, de chaux et de terres absorbantes en général, le gouvernement doit se contenter de faire publier une instruction détaillée sur la meilleure manière de fabriquer les cidres, de les clarifier, de les gouverner, de les conserver et de les rétablir ; que cette instruction doit contenir des procédés simples pour les essayer, afin que le cultivateur et le fabricant, le marchand et le consommateur puissent par eux-mêmes, dans tous les cas, reconnaître les mélanges qui auraient eu lieu, et la qualité de ces boissons.

Ces vues paraissent entrer dans celles du Parlement de Rouen, puisque, dans sa lettre au roi, il demande, en termes exprès, « qu'il soit procédé à « des expériences de tout genre sur la fabrication « des cidres et poirés, leur fermentation, leur clari- « fication, leur conservation, ensemble sur les « moyens de connaître les corps étrangers qui au- « raient pu y être ajoutés. »

Il aurait été sans doute à désirer que, pour compléter notre travail, et remplir entièrement la mission dont nous sommes chargés, nous eussions rédigé l'instruction que les circonstances paraissent exiger et que nous en eussions présenté le projet à l'Académie ; mais nous avons pensé que nous n'avions ni le temps ni les commodités nécessaires pour remplir convenablement un objet aussi important. Nous croyons que le meilleur moyen de rassembler des matériaux serait de proposer sur ce sujet *un prix au jugement de l'Académie des sciences*. Le prix proclamé, on extrairait, des mémoires qui auraient concouru, tout ce qu'ils présenteraient d'utile, et, en réunissant ces connaissances avec celles déjà répandues dans quelques bons ouvrages, on serait en état de former un corps d'instruction, dans lequel on serait assuré de n'avoir rien omis d'essentiel. Ce prix exigeant un travail de plusieurs années, il est nécessaire que la valeur en soit proportionnée à la multiplicité et à l'importance des expériences.

Fait et arrêté à l'Académie des sciences, à Paris, le 17 juin 1786.

Signé : Cadet, Baumé, Darcet, Bertholet et Lavoisier.

Je certifie le présent extrait conforme à son original *et au jugement de l'Académie.*

Ce 18 juin 1786.

Signé : Le marquis de CONDORCET. »

REMARQUES.

1. Il n'apparaît pas que le prix indiqué par les rapporteurs de l'Académie pour l'auteur d'un mémoire sur les conditions de la fabrication des cidres, ait été proposé, et, en tout cas, remporté.

2. Les modifications essentielles que ce rapport a certainement amenées dans l'opinion et dans les modes d'expérimentation des experts jurés de Normandie ont dû avoir une influence également notable, jusqu'à l'époque de la suppression des Parlements, sur la jurisprudence de celui de Rouen et sur celle de la juridiction du lieutenant-général de police. On ne retrouve pas, en effet, dans les documents du temps, de 1786 à 1790, la trace de ces condamnations fréquentes et sévères contre les détenteurs de cidres, qui avaient donné lieu aux vives disputes des chimistes rouennais, soit devant l'Académie de Rouen, soit à l'extérieur. Le jour s'était fait dans ces questions ardues ; et il en était probablement résulté certaines tolérances dans les constatations auxquelles pouvait donner lieu l'état des boissons mises en vente. S'il en avait été autrement, c'est-à-dire si les chimistes experts et

les tribunaux normands avaient passé outre aux enseignements et aux scrupules de la commission de l'Académie des Sciences, celle de Rouen, et Descroizilles lui-même, dont l'opinion avait heureusement prévalu, n'eussent pas manqué de poursuivre la lutte et de renouveler leurs protestations. Or, on ne voit pas que Descroizilles, qui était devenu membre de cette Académie, ait fait d'allusions à cet objet dans ses travaux ultérieurs.

3. Les illustres rapporteurs de l'Académie des sciences se sont incidemment élevés, on l'a vu, contre le projet qu'on prêtait au gouvernement, en 1786, de réprimer les abus dans la fabrication et le commerce des cidres, par le moyen de l'institution d'inspecteurs qui auraient été chargés de la surveillance de cette industrie alimentaire. Les arguments du rapport visent certains abus antérieurs commis par de semblables officiers; les doutes que l'on pouvait concevoir sur leur indépendance; l'inconvénient de frapper la fabrication et le commerce des boissons d'un surcroît de taxes; et surtout l'atteinte à la liberté résultant des visites domiciliaires nécessitées par l'exercice des inspections.

Il ne faut pas s'étonner de la vivacité de cette opposition, qui était déjà alors dans le sentiment général des meilleurs esprits, et qui avait sa source dans les abus du régime des *fermes*, dans l'avidité proverbiale de ce qu'on appelait la Maltote et surtout dans l'incertitude et dans le défaut d'unité des contributions indirectes, que l'on craignait toujours de voir instantanément augmenter sous une forme ou sous une autre.

Aussi n'a-t-on pas oublié que les premières violences de la Révolution, à Paris, comme en province, se sont accomplies et jusqu'à un certain point expliquées au cri général de : *A bas les droits réunis!*

Mais aujourd'hui que les agents de surveillance de tout ordre sont des fonctionnaires assermentés et rétribués directement par les caisses publiques, indépendamment des résultats de leurs constatations ; que les abus, s'il s'en rencontre, ne sauraient ni se perpétuer ni s'étendre en présence des garanties réelles que le nouveau droit public offre à tous les contribuables ; aujourd'hui surtout que la fixité et la publicité de tout impôt ne permettent plus aux agents de surveillance et de perception de céder à des tentations blâmables, il nous paraît évident que les craintes exprimées par le rapport académique dont il s'agit n'ont plus leur raison d'être et que l'institution d'inspecteurs de la salubrité publique, eu égard à la fabrication et à la mise en vente de toute espèce de denrée servant à l'alimentation, serait une mesure utile, aisément acceptée, et concordante en tous cas avec les principes d'ordre, de conservation sociale, et de progrès industriel.

Du reste, la publication d'instructions spéciales sur la fabrication du cidre est peut-être aujourd'hui moins nécessaire, eu égard à l'enseignement direct et pour ainsi dire constant que les cultivateurs reçoivent des communications des comices agricoles, des sociétés d'agriculture, et à l'émulation efficace que leurs travaux ne manquent pas de puiser dans la fréquence des concours régionaux et locaux. Pour ne parler ici que de l'objet particulier de ce travail, il n'est pas douteux que depuis vingt-cinq à trente ans, surtout, ces moyens de propagation des méthodes rationelles, des meilleurs procédés n'aient introduit de notables progrès dans les laboratoires des campagnes (1). Le cidre est partout mieux fait; l'usage nuisible de l'eau des mares tend à devenir une exception; la liqueur normande, plus nette et plus agréable qu'autrefois, se conserve mieux; on ne parle plus que rarement de ces accidents dont sa sophistication était souvent la cause; en un mot, si le cidre n'a pas encore atteint, comme le voulait Descroizilles, à ce degré de délicatesse qui « devait en faire l'égal des meilleurs vins », on peut constater cependant que la saine et populaire boisson, chère aux poëtes normands Guillaume Le Breton et Olivier Basselin, justifierait à notre époque mieux encore que de leur temps, les éloges qu'ils n'ont pas dédaigné de lui adresser.

(1) Ce n'est que justice de citer, chez nous, au nombre de ces grands moyens d'émulation et de progrès, les cours nomades que professe dans nos campagnes, avec un zèle qui ne s'est pas ralenti, et un talent apprécié de tous, M. Morière, de l'Académie de Caen.

Le Conseil général de la Seine-Inférieure, dans sa séance du 9 avril 1875, a voté des félicitations à l'auteur de cette Notice, dont le manuscrit lui avait été communiqué par M. le Préfet.

www.ingramcontent.com/pod-product-compliance
Ingram Content Group UK Ltd.
Pitfield, Milton Keynes, MK11 3LW, UK
UKHW021621260726
13965UKWH00007B/1395

9 782013 037709